DESCRIPTION

DE

L'ARC DE TRIOMPHE,

ÉRIGÉ PAR LA

SOCIÉTÉ DE COMMERCE

DE GAND.

DESCRIPTION

DE

L'ARC DE TRIOMPHE,

ÉRIGÉ PAR LA

SOCIÉTÉ DE COMMERCE

DE GAND,

A l'occasion du Mariage de LL. MM. II. et RR. NAPOLÉON PREMIER et MARIE - LOUISE D'AUTRICHE,

Et de leur entrée dans la Ville de GAND, le 17 Mai 1810,

De la composition de P. J. J. TIBERGHIEN, Dessinateur, Graveur et Orfèvre-Ciseleur, ancien Directeur de l'Académie de Peinture, Sculpture et Architecture, et l'un des Directeurs de la Société des Beaux-Arts de cette Ville;

Précédée d'une notice biographique sur ce célèbre Artiste,

ET ORNÉE DE SON PORTRAIT;

Publiées par L. A. M. DE BAST, *vice - Directeur de la classe de Gravure et de Dessin de ladite Société.*

A GAND,

De l'Imprimerie de P. F. DE GOESIN-VERHAEGHE, rue Hautport, N° 229.

Janvier 1811.

A SON ALTESSE SÉRÉNISSIME

MONSEIGNEUR

LE PRINCE ARCHI-CHANCELIER

DE L'EMPIRE FRANÇAIS

DUC DE PARME.

MONSEIGNEUR,

SI la culture des Arts qui éclairent l'humanité et embellissent la vie, est l'une des plus nobles occupations de l'Esprit, l'intérêt qu'on leur porte et le soin d'encourager

cette culture est sans doute une des qualités les plus pré-
cieuses de l'Homme public, et celle qui doit sur-tout lui
assurer la reconnaissance de ceux qui ont consacré à cette
intéressante Étude leurs veilles et leurs travaux.

L'ouvrage que nous présentons à S. A. S., lui paraîtra,
nous osons le croire, recommandable sous plus d'un rap-
port ; c'est l'un des fruits de l'imagination active et bril-
lante d'un Artiste estimé, et son objet était d'exprimer un
sentiment universel ; celui de l'admiration et de la reconnaissance pour le Héros de notre siècle.

Nous prions S. A. S. d'en accepter l'hommage : ce sera
pour l'Ouvrage un titre de gloire, et une marque de
bienveillance envers nous.

De Son Altesse Sérénissime.

MONSEIGNEUR,

Le très-humble et très-
obéissant Serviteur,
L. A. M. DE BAST.

Liste des Fonctionnaires publics et autres Amis des Arts qui ont concouru, en souscrivant, à couvrir les frais d'Impression et de Gravure.

Messieurs.

*B*Arthelemy, à Bruxelles.
A. Baut de Rasmon, Membre hon. de la Société des Beaux Arts.
Liévin Bauwens, Fabriquant, Membre de la Légion d'honneur.
M. E. Bazenerye, Sous-Préfet de l'Arrondissement d'Eecloo, Membre de la Lég. d'hon.
Bernaerts, Trésorier de l'Académie de Gand.
Le Baron *Beyts*, Chancelier de la Légion d'honneur, Président de la Cour impériale de Bruxelles.
Beyts, Proviseur du Lycée de Gand.
Boniface, Econome du Lycée de Gand.
Bosschaerts, Inspecteur-honoraire de l'Acad. et Conservateur du Musée de Bruxelles.
Bouchel, Médecin.
Guillaume Bouvier, Commis-négociant.
J. A. Cado, fils.
Casaer, Architecte de l'Académie de Courtrai.
F. Catulle, Négociant, à Courtrai.
Choulet, Insp. de l'Entreprise de la maison de Détention à Gand.
J. Christiaëns, fils.
Coots, de Dunkerque.
N. Cornelissen, Secrétaire honoraire de l'Académie et de la Société des Beaux Arts à Gand.
Couvret, Membre de ladite Société.
Culp, Arpenteur à Bruxelles.
Le Chanoine *De Bast*, Corresp. de l'Institut de Hollande, Membre de la Lég. d'honneur.
A. de Bast, Médecin à Eecloo.
J. de Bast, fils.
J. B. F. de Bast, Secrétaire de la Société des Beaux Arts à Gand.
C. de Buck, Peintre, Elève de Mr *David*, à Paris.
J. de Cauwer, Peintre, Prof. de l'Acad. de Gand.
P. de Cauwer-Beversluys, Peintre-Décorateur.
Louise de Crumpipen, à Bruxelles.
J. B. Delbecq, Vice-Président de la Société des Beaux-Arts.
Dellafaille, Député au Corps Législatif, Officier de la Légion d'honneur, Président de l'Académie de Dessin de Gand.
Deschamps-Ipens, Négociant.
G. de Draeck, Membre honoraire de la Société des Beaux Arts.

Messieurs

D'Hane-Steenhuyse, Direct. de l'Acad. de Gand.
J. de Hoon, Professeur de ladite Académie.
Le Baron *D'Houdetot* Préfet du Départ. de l'Escaut, Officier de la Légion d'honneur.
De Jonghe, fils, à Courtrai.
J. B. de la Croix, à Courtrai.
J. de Lichtervelde, Adjoint au Maire de Gand.
P. de Loose, Directeur de l'Académie de Gand.
G. J. de Meyera, ancien Direct. de ladite Acad.
De Naeyer, Conseiller de Préfecture.
J. de Noyere, Architecte.
Le Sénateur Comte *François de Neufchâteau*, Grand-Officier de la Légion d'honneur, Membre hon. de la Société des Beaux Arts.
De Potter, Député au Corps Législatif.
E. de Potter-De Loose.
Le Baron *De Stabenrath*, Général Command. le Département de l'Escaut.
Le Baron *de Varanges*, Régent de la Banque de France, Receveur-général du Département de l'Escaut.
J. de Vigne, Peintre.
J. de Vogelacre, Professeur d'Architecture.
L. de Vos, Adjoint au Maire de Bruxelles.
J. B. Everaert, fils.
P. F. L. Fontaine, Architecte de S. M. à Paris.
L. Gerbo, Peintre, de Bruges.
Giroult, fils.
Gleesener, Associé de la Société des Beaux Arts.
J. Goetghebuer, père.
P. J. Goetghebuer, fils, Professeur d'Architecture à l'Académie de Gand.
C. Goewie, Membre de la Soc. des Beaux Arts.
Goethals, Négociant, à Courtrai.
Goethals, à Bordeaux.
Hahn, Proviseur du Lycée de Bruxelles.
Herry, Négociant.
J. B. Hellebaut, Jurisconsulte, Associé honoraire de la Société des Beaux Arts.
P. Hisette, de Metz.
F. Hisette, fils.
F. Huytens, Vice-Présid. de l'Acad. de Gand.
F. Ilye-Schoutheer, Membre de la Soc. Botan.
Impens, Notaire, Associé de la Société des Beaux Arts.
Jacobs, Professeur de Dessin à Bruxelles.

Messieurs

Kluyskens, Chirurgien en chef de l'Hôpital Civil de Gand.

Le Sénateur Comte *Lambrechts*, Commandant de la Légion d'honneur, Membre honoraire de la Société des Beaux Arts.

Le Baron *La Tour-du Pin*, Préfet du Département de la Dyle.

A. Lens, Peintre correspondant de l'Institut Impérial de France, Membre honoraire de la Société des Beaux Arts, etc.

Lesbroussart, Professeur au Lycée de Gand.

Limnander, Conseiller de Préfecture.

J. Maes, Payeur-gén. du Départem. de l'Escaut.

J. Malpé, Peintre.

Charles Manilius, Chef du Secrétariat-général de la Préfecture du Départ. de l'Escaut.

Masquilier, Associé de la Société des Beaux Arts.

Meeus, à Bruxelles.

J. Neyt, Négociant.

J. Palinck, Peintre, actuellement à Rome.

Emm. Papeleu, Adjoint au Maire.

C. Percier, Architecte de S. M. à Paris.

Picart Borghendael, à Bruxelles.

Ch. Pieters, Secrétaire de la Mairie de Gand.

Le Baron *Pycke*, Préfet du Départ. des Bouches de l'Escaut; Membre de la Lég. d'honneur.

E. B. Quaetfaslem, à Bassum.

Raepsact, Député au Corps Législatif, à Audenarde.

Le Comte *Réal*, Conseiller d'État, Commandant de la Légion d'honneur.

J. P. Renard-Ottevaere.

L. Roelandt, de Nieuport, Élève de Mr Percier, à Paris.

Jos. Roose, de Lima, sous-Bibliothécaire de la ville de Gand.

Royer, Directeur de l'entreprise de la Maison de Détention.

Sabbe-de Vlieghet, Négociant.

J. Schamp, Directeur de l'Académie de Gand.

Jos. Schits, Orfèvre.

J. B. Schouppe, d'Alost.

B. Schoutheer, de Dunkerque.

Serdobbel, Présid. de la Société et du Tribunal de Commerce de Gand.

A. Steyaert, Peintre, un des Directeurs de la Société des Beaux Arts.

Surmont-de Potter, Direct. de l'Acad. de Gand.

Suys, Architecte, Élève de Mr Percier, à Paris.

Tinel, Secrét.-gén. de la Préfecture de l'Escaut.

Le Comte *d'Ursel*, Maire de Bruxelles, Présid. de la Société des Beaux Arts de ladite Ville.

A. vanden Abeele, Peintre.

Alb. van Aken, conseiller de Préfecture.

Frans vanden Berghe, de Courtrai.

Van Braeckel, Greffier de l'Académie de Gand.

F. B. vande Cappelle, Directeur de ladite Académie.

Messieurs

L. van Coetsem, fils, Professeur de Dessin.

F. B. van Coppenole, Chirurgien-Lithotomiste et Accoucheur.

Van Dale, Négociant à Courtrai.

F. van der Donckt, Peintre à Bruges.

Van Ertborn, Sous-Préfet de l'Arrondissement d'Audenarde.

Van Gobelschroy, Auditeur au Conseil d'État, Sous-Préfet de l'Arrondissement de Gand.

Vanderhaeghen, Maire de Gand, Chevalier de la Légion d'honneur, Membre honoraire de la Société des Beaux Arts.

F. van Hove, Secrétaire de la Société de Commerce de Gand.

J. van Huerne, à Bruges.

P. van Huffel, Peintre, Président de la Société des Beaux Arts.

Ch. van Hulthem, Recteur de l'Académie de Bruxelles, Membre de la Lég. d'honneur.

J. van Imschoot, Négociant.

J. van Lerberghe, Membre de la Société des Beaux Arts.

F. van Saeghem, Directeur de l'Acad. de Gand.

Van Santen-Cnochaert, Artiste-Décorateur, Associé de la Société des Beaux Arts.

F. vande Steene, à Bruges.

Van Toers, Secr. du Trib. de Commerce de Gand.

Frans Verbeeck, Docteur en Chirurgie, Secrét. perpétuel de la Société Botanique de Gand.

P. D. Velleman, Directeur de l'Acad. de Gand.

E. F. Verlinde-Cnudde.

Verly, Architecte de la ville d'Anvers.

J. B. Vervier, Médecin, Associé de la Société des Beaux Arts.

M. A. vande Vyver, Fabriquant.

J. X. vande Woestyne, Président de la Société Botanique de Gand.

Wesselinck, Président du Consistoire d'Axel.

Wynckelman, Président de l'Académie de Peinture à Bruges.

~~~~~~~~

La Mairie de Gand.

L'Académie d'Anvers.

L'Académie de Gand.

L'Académie de Bruges.

L'Académie de Bruxelles.

L'Académie de Courtrai.

L'Académie des Sciences et Arts de Zélande.

La Société des Beaux Arts à Gand.

La Société de Commerce à Gand.

La Société Littéraire à Gand.

La Société de Botanique à Gand.

La Bibliothèque publique de Gand.

La Société pour l'encouragement des Arts à Bruxelles.

Pl. 1.er

PIERRE JOSEPH JACQUES TIBERGHIEN, GRAVEUR-ORFEVRE-CISELEUR.

NÉ A MENIN LE XXX JUILLET MDCCLV.

ENLEVÉ DANS LA MATURITÉ DU PLUS BEAU TALENT,

AUX ARTS ET A L'AMITIÉ QUI LE REGRETTENT,

LE IX DECEMBRE MDCCCX.

L. A. M. De Bast inv.

C. Normand sc.

NOTICE BIOGRAPHIQUE

Sur feu Mr PIERRE-JOSEPH-JACQUES TIBERGHIEN, *Dessinateur, Graveur et Orfèvre-Ciseleur, ancien Directeur de l'Académie de Peinture, Sculpture et Architecture, et l'un des Directeurs de la Société des Beaux-Arts à Gand;*

Mort en cette Ville le 9 Décembre 1810.

L'AMITIÉ et la reconnaissance se sont réunies, pour élever à la mémoire de feu Mr *Tiberghien*, un monument qui rappelât le souvenir de ses principes et de ses talens; on a pensé qu'un des moyens les plus nobles de rendre cet hommage au grand Artiste dont nous pleurons la perte, était de perpétuer par la gravure le bel *Arc de Triomphe* que le *Commerce de Gand* avoit fait ériger d'après ses dessins, lors de l'entrée en cette Ville de LL. MM. l'Empereur et l'Impératrice, au mois de Mai 1810.

On a pensé aussi que les Souscripteurs ne verraient pas sans quelque intérêt une notice biographique sur Mr *Tiberghien*, notice que nous avons extraite du discours qui fut prononcé dans la Société des Beaux-Arts, par Mr *Norbert Cornelissen*, Secrétaire honoraire de l'Académie de Dessin, Sculpture et Architecture, et de la Société des Beaux-Arts à Gand, le 22 Décembre 1810, jour des obsèques solennelles qui venaient d'être célébrées dans l'Eglise succursale de Saint-Nicolas.

C'EST un pieux et noble devoir que celui qui commande à l'amitié et à la reconnaissance de rendre à la mémoire des morts ces derniers hommages qui accompagnent dans la tombe les éminentes vertus d'un citoyen, ou les talens distingués d'un Artiste. Ce devoir fut de tous les tems et de tous les peuples; à Athènes et à Rome, la république décernait cet honneur; dans les tems modernes, le chef de l'état, ou des corporations illustres imitent cet exemple; ici, Messieurs, ce sont vos sentimens envers un confrère chéri, qu'une mort prématurée vient de vous enlever; ce sont vos regrets et votre douleur; c'est le besoin qu'éprouvent vos cœurs d'entendre encore une fois le nom de *Tiberghien*; ce sont des motifs aussi touchants qui vous réunissent; vous n'exigez de moi ni apprêts ni élans oratoires; vous voulez que je parle avec abondance et dans l'effusion de mon cœur, et pour peu que je sois équitable envers l'homme dont nous déplorons la perte, j'aurai atteint mon but et répondu à votre attente.

Pierre-Joseph-Jacques Tiberghien, naquit en 1755, à Menin, en Flandre; il était né et doué d'instinct pour cultiver les Arts; à peine sorti du berceau, il traçait dans les allées les fleurs d'un parterre; bientôt la plume devint dans ses mains l'instrument au moyen duquel il imitait tous les objets qui se présentaient, et dans ces premiers essais d'un génie qui s'annonçait aussi heureusement, il était son maître à lui-même.

Ses Parens, nés dans cette classe peu fortunée qui fonde sur les progrès, ainsi que sur la reconnaissance d'un enfant laborieux, ses plus douces espérances, le placèrent à Courtrai, chez un Orfèvre-Ciseleur, nommé *Nolf*, ouvrier qui ne manquait ni d'habileté ni de talent pour l'exécution, mais absolument dénué de goût, ou plutôt ne suivant d'autres principes de goût que ceux qu'avait mis en vogue une école qui, aux jours de sa décadence, semblait avoir pris à tâche de s'éloigner du type et de ces formes classiques que nous admirons dans ce qui nous reste de l'antiquité.

Le jeune *Tiberghien* ne tarda pas à s'étonner que l'on s'obstinât tant à s'écarter de cette belle et élégante simplicité des modèles anciens ; « Quand on a, disait-il quelquefois, des mo- » dèles de vases et d'amphores, pourquoi fait-on des pots et des cruches ? »

Pendant son séjour à Courtrai, il suivit les leçons de l'Académie de Dessin, et y rem- porta plusieurs prix ; il aimait à se souvenir de ces premiers triomphes, qui laissent une impression si vive dans l'esprit d'un jeune élève. Ce fut aussi à Courtrai qu'un peintre, comme lui élève de l'Académie, lui inspira du goût pour la peinture, et même lui ensei- gna quelques principes de cet Art ; mais bientôt il s'adonna entièrement à la gravure, et quoiqu'à peine sorti de l'enfance, il exécuta des cachets historiés qu'on admire encore aujourd'hui ; l'exécution et la pensée décélaient également l'Artiste habile et l'homme de génie ; rien de mieux pensé, ce me semble, qu'un cachet qu'il fit pour le corps des Médecins : c'était la figure allégorique du Tems armé de la faulx, prêt à frapper sa victime ; le Génie de la Médecine arrête la main du Tems, détourne le coup, et relève le malheureux au moment même où il semblait avoir perdu tout espoir.

Après quelques années de séjour à Courtrai, son étoile plus heureuse le conduisit à Anvers chez un Orfèvre distingué, nourri des bons principes et se faisant gloire de les suivre ; c'était Mr *Verbert* : l'élève avait conservé pour le maître les sentimens du plus tendre attache- ment ; qu'il me soit permis de le rappeler, Messieurs, n'aguères encore, lorsque j'allai revoir ma ville natale, je rendis à ce vieillard, un des Directeurs de l'Académie, quelques mots du souvenir reconnoissant de Mr *Tiberghien*, et je revins ici, chargé de l'expression des mêmes sentimens de la part de Mr *Verbert* ; « je suis bien vieux, me dit, il y a quelques mois seulement, ce vénérable octogénaire » mais j'éprouve chaque fois du plaisir à apprendre que » Mr *Tiberghien* jouit d'une grande réputation, et qu'il est heureux ; je n'ai qu'un vœu à » faire ; je voudrais bien le revoir une dernière fois ; » aujourd'hui même, Messieurs, que je répète devant vous ces mots dans leur touchante simplicité, je ne puis me rappeler sans attendrissement la satisfaction qu'en ressentit notre collègue ; il me secoua vivement le bras, et si son émotion le lui eut permis, il m'eut dit : *C'est un digne homme !*

Après avoir quitté l'attelier de Mr *Verbert*, et l'Académie d'Anvers, il vint à Gand ; l'Abbaye de Baudeloo eut la première l'honneur de mettre à l'épreuve son beau talent ; bientôt le Prince *Albert de Saxe-Teschen*, qui aimait à protéger les Arts, et qui fit élever depuis par *Canova* le mausolée de l'Archiduchesse *Marie-Christine*, son auguste épouse, voulut voir les dessins et l'ouvrage du jeune Artiste ; *Albert* était juge éclairé ; il admira, il apprécia les pen- sées et l'exécution, et *Tiberghien* fut chargé de plusieurs ouvrages.

Il brûloit d'envie d'aller continuer ses progrès dans la Capitale de la France, et peut-être l'amour des Arts l'eût conduit de-là dans cette terre classique des monumens, cette belle Italie qu'il regrettait si vivement de n'avoir jamais vue ; mais il en fut détourné par des moyens bien délicats : il fut surchargé de travail ; parmi ses ouvrages, on admira sur-tout l'élégant grillage, placé devant le chœur de l'Eglise de Baudeloo, et ces deux grands vases dont les ornemens sont en bronze, et dont la perfection est d'autant plus rare que pour l'exécution il s'était associé le beau talent de Mr *Van Poucke*, sculpteur, et n'aguères Président honoraire de cette même Société ; il était encore un Artiste, pour qui Mr *Tiberghien* avait l'estime la mieux raisonnée et qui plus d'une fois profita des lumières de notre collègue.... Hélas! en moins de deux ans, MM. *Hisette*, *Van Poucke* et *Tiberghien*, sont descendus dans la tombe; ils étaient, chacun dans leur Art, les plus habiles dont la Flandre pût s'enorgueillir; le souvenir de leurs vertus et de leurs talens ne périra jamais; leur mémoire sera bénie et leurs ouvrages seront admirés.

Ce n'est pas devant vous, Messieurs, qu'il faudrait rappeler les titres qui ont assuré à notre collègue la grande réputation dont il a joui; vous avez été pendant sa vie les témoins et les appréciateurs de sa gloire, et plusieurs d'entre vous s'honorent de suivre ses principes et ses leçons: mais vous exigez que je parle de votre maître: je le ferai; je parlerai de l'Artiste, et j'aurai fait l'éloge de ses talens; je parlerai de l'homme, et j'aurai fait l'éloge de son cœur.

Ce fut lui qui le premier dans cette Ville introduisit dans l'art de l'Orfévrerie, ce goût d'une noble simplicité, ces belles formes que nous conservent les monumens et les débris échappés à la destruction de l'ancienne Italie; graces à son talent, les ustensiles d'un ménage flamand, (ustensiles, naguères d'une construction si lourde et si ignoble qu'elle paraissait appartenir à quelque siècle du moyen âge,) ne dépareraient pas le salon d'un Sénateur romain, la table d'un Lucullus, et si ces formes mêmes étaient nobles, combien l'exécution ajoutait à leur élégance! Quelle légéreté dans ces contours! Quelle finesse dans cette ciselure! Quel fini dans ces accessoires!

Parmi ses ouvrages, je distinguerai sur-tout cette série de médailles, dont la munificence de la Ville honore les Vainqueurs dans les établissemens d'instruction ou dans les jeux publics ordonnés pour célébrer de mémorables événemens; ces médailles uniques dans leur genre et par leur objet, forment, en quelque sorte, une suite historique des grandes solennités et des fêtes qui signalèrent dans cette ville les époques glorieuses du règne de notre auguste Monarque; elles offrent une finesse de pensée, une correction de dessin, une élégance de détails qui font regretter qu'elles soient gravées au burin et non pas frappées au balancier.

Parmi les plus belles, je citerai la médaille d'or que l'Académie donna à M* *Cels*, qui avait remporté le grand prix de Peinture au Concours de 1802; celle que M* *Dellafaille* et M* le Baron *Pycke*, à l'époque où chacun d'eux était Maire de la Ville, accordèrent aux Confréries pour célébrer l'anniversaire de la naissance de l'Empereur, et pour perpétuer l'heureux souvenir du Mariage de LL. MM.; je n'oublierai pas celle dont la reconnaissance Municipale décora notre collègue M* *Liévin Bauwens*, en préludant ainsi à des honneurs plus insignes que lui réservait notre auguste Monarque (1), ni cette autre non moins belle que le Conseil Municipal, sous l'Administration de M* *De Naeyer*, aussi notre collègue, vota aux Artistes, aux Fabriquans et aux Manufacturiers industrieux dont s'honore cette Ville, et dont les noms devaient être proclamés; en dessinant le type et les emblèmes ingénieux de cette médaille, le modeste *Tiberghien* ne soupçonnait pas qu'il fût au nombre des Artistes à qui cette récompense était décernée par le Conseil, et il contribua ainsi, sans le savoir, à élever un monument à sa propre gloire.

Réservez-vous quelques traits de vos suffrages à l'Architecte, à l'Artiste décorateur, dont le talent facile et le goût éclairé contribuèrent si souvent à l'embellissement de nos Fêtes publiques? Je vous rappelerai ces grands catafalques, monumens de la piété de nos concitoyens et de leur reconnaissance envers des hommes célèbres; ce projet d'une cheminée

(1) Mr *Liévin Bauwens*, quelque tems après, fut nommé Membre de la Légion d'honneur.

triomphale, si on me permet la nouveauté de l'expression, projet adopté, il y a huit ans, par le Conseil Municipal et destiné à être exécuté dans une des salles du Palais Consulaire ; cet autre projet de catafalque qui eut dû illustrer la solennité des derniers devoirs rendus par cette Société au grand *Haydn* ; regrettons, Messieurs, que plusieurs de ces projets n'ayent été tracés que sur le papier, et qu'à peine la mémoire de quelques Artistes en conserve le souvenir ; il n'en sera pas de même de l'Arc de Triomphe, érigé aux frais du Commerce de cette Ville, pour célébrer l'arrivée de LL. MM. l'Empereur et l'Impératrice au mois de Mai dernier ; ce beau monument mérita les suffrages de la Cour, les applaudissemens des connaisseurs, l'admiration du peuple ; l'expression de ces sentimens honorables a dû flatter notre illustre concitoyen, qui du seuil même de sa modeste demeure, pouvait en être témoin.

Vous apprendrez avec plaisir, Messieurs, que ce monument et ses formes gracieuses et élégantes vont être consacrés et conservés par la gravure. Déjà de nombreuses souscriptions, parmi lesquelles vous distinguerez celles des premiers Magistrats, honorent le projet que je dépose sur le bureau, et votre munificence secondant le vœu que vous avez énoncé de payer aussi à la mémoire d'un de vos Directeurs un dernier tribut de reconnaissance, concourra à couvrir les frais indispensables de cette entreprise.

J'ai parlé d'une partie des ouvrages de l'Artiste, il me reste à parler du caractère de l'homme et de ses derniers momens.

Tiberghien avait un caractère noble et élevé, des mœurs pures et un grand fond de probité ; des traits prononcés et mobiles, quelque chose d'antique dans ces traits et beaucoup de vivacité dans les yeux, donnaient à sa physionomie une expression singulière qui n'était pas sans beauté ; il parlait avec chaleur et avec quelque volubilité, et quand l'entretien roulait sur les Arts, il ne savait point s'énoncer froidement et il se laissait emporter à l'enthousiasme qui le dominait ; il aimait à s'entourer de jeunes Artistes et à en être recherché ; ses goûts étaient simples, et sa manière de vivre très-uniforme ; on le voyait rarement dans la société des personnages que de grandes richesses ou des titres distingués désignent à la considération publique ; mais personne ne les louait avec plus de candeur, lorsque, faisant un noble usage de leur fortune, ils aimaient à en consacrer une partie à l'encouragement des Arts.....

Naturellement doué d'un cœur sensible et aimant, il fut deux fois époux, et chaque fois l'objet de son choix le rendit heureux ; parmi ses enfans, il en est un dont le génie précoce se développait sous ses yeux, et qui promettait de continuer et même d'atteindre le talent de son maître ; cet intéressant enfant qui ne doit ni ne peut retenir les larmes que vous lui voyez répandre (1) sera privé de ces leçons qu'un père seul peut donner ; mais il aura senti l'impulsion, il la suivra, et nous aimons à l'espérer, le nom de *Tiberghien* ne sera éteint, ni pour l'amitié ni pour les Arts.

Il avait pour l'École Flamande une prédilection marquée ; *Rubens* était son héros : il ne voulait ni ne pouvait dissimuler ce sentiment, qu'il avait puisé dans l'habitude continuelle de voir dans les Eglises et dans les monumens publics d'Anvers, ces nombreux chefs-d'œuvre qui décorent actuellement le premier Muséum de l'Europe ; selon lui, parmi les parties constituantes de l'art du peintre, les principales étaient le Coloris et le Clair-obscur ; peindre, c'est colorier, disait-il souvent.

----

(1) *Pierre-François Tiberghien*, âgé de 13 ans, était présent à la cérémonie.

Ce n'est pas qu'il ne sentît aussi les beautés des Écoles d'Italie et celles de l'École Française : mais il ne pouvait en juger que d'après les gravures, ou d'après des tableaux médiocres relégués dans nos cabinets où ils sont écrasés par la supériorité des chefs-d'œuvre de notre École ; c'est à Rome, à Florence, à Parme, à Venise, c'est au Muséum impérial de Paris, qu'il faut admirer les ouvrages de *Raphaël*, du *Corrège*, du *Titien*; que n'a-t-il vu, lui qui était si sensible aux charmes d'un coloris ravissant, les grands ouvrages de *Paul Veronèse* ? Que n'a-t-il vu réunis dans le Louvre, et aspirant aux prix décennaux, ces nombreux tableaux, la gloire et l'espérance de l'Ecole Française régénérée ? Peut-être son enthousiasme se fût-il partagé entre les chefs des Écoles modernes, ou plutôt il eut consacré quelques-unes de ses conférences à répartir entre toutes ces Ecoles la noble part de gloire et d'honneur qui leur revient.....

Pierre-Joseph-Jacques Tiberghien, anciennement un des Directeurs de l'Académie de Gand et Directeur de la Classe de Gravure de la Société des Beaux-Arts, succomba le 9 Décembre dernier, aux suites d'une hydropisie de poitrine, âgé seulement de 55 ans, et dans toute la vigueur de son talent. Le jour même de sa mort, entouré d'Artistes, il parla des Beaux-Arts, et ses yeux mourants se tournèrent sur son Fils ; .... il mourut pénétré de la morale sublime de la religion, et plein des espérances qu'elle donne; notre respectable collègue, Mr le Chanoine *De Bast*, son pasteur et son ami (1), reçut ses derniers soupirs, entouré de sa famille et de ses nombreux amis; tous le regrettent, mais personne ne le regrette à plus de titres que cette Société, dont il fut un des Fondateurs, et devant laquelle je dirai ce qu'*Horace* disait à *Virgile*, pleurant la mort d'un frère chéri :

Multis ille bonis flebilis occidit ,
Nulli flebilior quam tibi...

---

(1) La seconde édition du beau *Recueil d'antiquités Romaines et Gauloises trouvées dans la Flandre proprement dite*, publié et considérablement augmenté, il y a trois ans, par ce savant Antiquaire, a été enrichie par Mr *Tiberghien* d'un grand nombre de très-belles gravures en taille-douce qui ne sont pas la moindre preuve de la flexibilité du talent de cet Artiste ; l'ouvrage de Mr le Chanoine *De Bast* (grand in-4to) a été imprimé, et se débite à Gand chez A. B. STEVEN.

DESCRIPTION

DE

L'ARC DE TRIOMPHE,

ÉRIGÉ PAR LA

SOCIETÉ DE COMMERCE

DE GAND.

ÉLÉVATION GÉOMÉTRALE.

Face vers le Marché aux Grains.

D'APRÈS le premier projet, cet Arc devait être placé à l'une des avenues de la Ville ; mais la Société de Commerce ayant demandé la faveur de l'exécuter à ses frais, il fut placé devant le Local occupé par cette Société, faisant d'un côté face au Marché aux Grains, et de l'autre à la rue des Champs ; il a été figuré en charpente et en toile, et dans l'espace de huit jours le monument fut achevé.

Les dessins d'après lesquels il a été exécuté, ont été fournis par Mr Tiberghien ; les peintures ont été faites avec un soin particulier par MM. Steyaert et De Cauwer, et la charpente par Mr Goetghebuer ; les inscriptions qui ont paru réunir l'expression convenable à la plus élégante concision, appartiennent à Mr l'Avocat Van Tours, Greffier du Tribunal de Commerce.

Cet Arc est remarquable par la nouveauté de la pensée, par sa forme pyramidale, et par son effet pittoresque ; la noble distribution de ses ornemens, la variété et l'harmonie entre les figures et les emblêmes placés des deux côtés, font que l'on n'y trouve point cette monotonie si insupportable dans les productions des Arts ; enfin les allégories ingénieuses dont il est enrichi, en font un véritable poëme.

Le plan de cet Arc se forme de quatre quarrés, dont deux servent d'ouverture et les autres de pied-droits qui sont composés d'un socle et d'un piédestal, dont la moitié de la largeur va en arrière-corps d'un quart de sa profondeur, et d'où s'élève majestueusement un Arc plein-ceintre composé d'une

EUROPE

LE COMMERCE
DE GAND

A NAPOLÉON, A M. LOUISE.

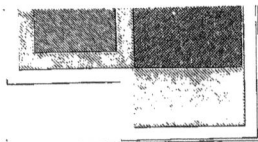

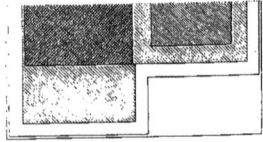

1 2 3 4   8   16 Mètres

architrave, d'une frise et d'une corniche, surmonté du globe terrestre autour duquel sont groupés les emblêmes du Commerce, de l'Industrie, des Sciences et des Arts, et portant un groupe de trois figures représentant *la Paix consolidée sur le continent par la Victoire et par l'Hymen.*

On lit sur le globe :

EUROPE.

Sur la clef de l'Arc, et dans la frise du ceintre, au-dessous de l'Aigle française, on lit l'inscription principale :

LE COMMERCE

DE GAND

A NAPOLÉON ET A MARIE - LOUISE.

Sur l'arrière-corps du côté droit qui est consacré à la Victoire, se trouve une table sur laquelle est sculptée la Victoire s'efforçant envain d'embrasser toutes les couronnes du Vainqueur ; dans chacune d'elles se trouve la lettre initiale d'une des principales batailles gagnées par l'Empereur ; moyen ingénieux de les désigner avec tous les ménagemens qu'exigeait la circonstance. Les attributs qui l'accompagnent, représentent la sagesse, la prudence, la vigilance, etc. qualités héroïques du Vainqueur, ainsi que le lion et le rameau de chêne placés sur l'avant-corps, emblêmes de la force et du courage : la renommée dans son vol rapide, s'arrête devant ce trophée, et au son de sa trompette va porter à la postérité la plus reculée la gloire du Héros.

Du côté gauche qui est consacré à l'Hymen, sont sculptées les armes de France et d'Autriche, entrelacées de myrthes et de lauriers, et accompagnées des attributs de la Concorde, de l'Hymen et de l'Amour conjugal ; le levrier et la colonne placées sur l'avant-corps, représentent la fidélité et la constance ; le génie de la félicité plane au-dessus, et répand les trésors du Ciel sur l'Union de nos augustes Souverains ; on y lit les inscriptions suivantes :

Côté droit,

MARS LE GUIDE DANS LES COMBATS,
MAIS TOUJOURS MINERVE
L'ACCOMPAGNE.

Côté gauche,

LEUR UNION EST UN DON DU CIEL ;
ELLE EST UN GAGE ASSURÉ DE LA FÉLICITÉ
PUBLIQUE.

(8)

Les avant-corps sont décorés de bas-reliefs et d'inscriptions dont le détail est ci-après; la frise des piédestaux est ornée de génies représentant le peuple qui se livre à des transports de joie, en entrelaçant de guirlandes de fleurs les médaillons contenant les chiffres de NAPOLÉON et de MARIE-LOUISE.

Dans la retraite du piédestal formée par l'arrière-corps, sont placés d'un côté le Danube et de l'autre la Seine qui semblent mêler leurs ondes en signe de la paix éternelle qui régnera entre les deux Peuples. La voûte est ornée de caissons; au milieu est un génie tenant une couronne destinée au Triomphateur.

Face vers le Marché aux Grains.

I. Bas-relief.

L'industrie figurée avec ses attributs, étale les riches produits des Fabriques et Usines de la ville de Gand.

L'Empereur guidé par Minerve et par Thémis, semble encourager l'Industrie d'un sourire de satisfaction.

Plus loin Mercure indique l'Entrepôt du Commerce de Gand; il semble appeler l'attention du Héros sur l'importance du Commerce de cette Ville, et présager la grandeur de ses destinées futures; l'inscription porte :

HOMMAGE DU COMMERCE DE GAND
A SON AUGUSTE PROTECTEUR.

II. Bas-relief.

L'Empereur et son Epouse devant un autel antique sont unis par l'Hymen et l'Amour.

Une colombe portant une branche d'olivier, symbole de la paix, plane sur leur tête. Plus haut est une couronne d'étoiles, symbole de l'immortalité: à droite et à gauche, le peuple figuré par des groupes d'hommes, de femmes et d'enfans de tout âge, semble exprimer son allégresse en étendant les mains vers l'autel et en jettant des couronnes, des fleurs, etc.

Inscription :

PAIX ÉTERNELLE,
PROSPÉRITÉ DES PEUPLES.

Face vers la rue des Champs.

III. Bas-relief.

Dans le lointain, le Beffroi désigne la ville de Gand; les autres bâtimens sont les principales Fabriques de cette Ville, telles que les Filatures et Tisseries

Pl. 3.

I

II

III

IV

P. J. J. Thérigon sur.'

C. Normand sc.'

de Coton et de Lin, les Imprimeries d'Indiennes, Papeteries, Blanchisseries, Savonneries, Salines, etc. Sur le devant, des champs de Bled, de Lin, etc. auxquels préside Cérès.

Inscription :

VILLE INDUSTRIEUSE, PLAINES FERTILES,
VOUS JOUISSEZ DE LA PRÉSENCE
DE VOS SOUVERAINS CHÉRIS.

IV. Bas-relief.

Neptune dans son char attelé de deux chevaux marins, semble, par le mouvement de son trident, accorder sa protection à la ville de Gand, désignée dans le fond par quatre urnes, sur lesquelles on lit *Escaut*, *Lys*, *Lieve*, *Moere*, et qui représentent les quatre rivières au confluent desquelles la Ville est située.

Inscription :

LA VILLE DE GAND DOIT SA PROSPÉRITÉ
AU GÉNIE DE NAPOLÉON-LE-GRAND
ET A CETTE HEUREUSE POSITION.

Dimensions de l'Arc, suivant l'échelle qui se trouvait sur l'original de l'Auteur.

Sa hauteur était de 30 mètres, sa largeur de 32, et sa profondeur de 8. — l'Arcade avait 16 mètres de haut sous clef, sur 16 de large; les pied-droits 8 mètres en hauteur et en largeur.

www.ingramcontent.com/pod-product-compliance
Lightning Source LLC
Chambersburg PA
CBHW061801040426

42447CB00011B/2413